Quando me descobri negra

F★SF★R★

BIANCA SANTANA

Quando me descobri negra

Introdução por
MARIA LÚCIA DA SILVA

2ª reimpressão

Para o tio Haroldo

9 APRESENTAÇÃO À SEGUNDA EDIÇÃO

12 APRESENTAÇÃO À PRIMEIRA EDIÇÃO

15 INTRODUÇÃO
Maria Lúcia da Silva

PARTE 1: DO QUE VI

23 Quando me descobri negra

27 Saudade do que poderia ter vivido

31 O racismo nosso de cada dia escancarado no meu cabelo

36 Nem todo lugar é de preto

38 Que corajosa por vir com esse turbante!

42 "Posso te fazer um pedido?"

44 Desmonte

46 Pelo gosto, pela cor e pelo cheiro

PARTE 2: DO QUE OUVI

51 Mulher-Maravilha

54 Livros para quem?

57 Não mexa com quem não anda só

61 O poder da palavra

64 Auto de resistência

66 Alemão

68 "Eu sou morena"

PARTE 3: DO QUE PARI

73 A primeira crônica

77 Livre para amar, #sqn

81 Livro de (que) história (?)

84 E que lugar seria?

87 Revista

88 Melhor não dizer nada

91 Prevenção

92 Desculpa, Nati

96 E antes de me despedir...

Apresentação à segunda edição

Em 2015, quando a primeira edição de *Quando me descobri negra* foi publicada, Marielle Franco planejava sua candidatura à vereança do Rio de Janeiro, anunciada no ano seguinte. Beto Freitas e George Floyd também estavam vivos, assim como a garotinha Ágata Félix e Kathlen Romeu. Foi o ano de nascimento do menino Miguel, vítima da negligência da patroa de sua mãe, Mirtes Souza, em 2020. Ainda não havia afirmações antirracistas ocupando amplamente as escolas e redes sociais. Não tinha sido articulada a Coalizão Negra por Direitos.

Nos últimos oito anos, o movimento negro ampliou sua atuação e escancarou que não é possível o Brasil ser melhor sem interromper o racismo. A tomada de consciência da própria negritude, debatida por intelectuais como Neusa Santos Souza desde a década de 1980, se multiplicou exponencialmente por todo o país, assim como a quantidade de livros escritos por pessoas negras publicados por grandes editoras e os cabelos crespos e cacheados exibidos por aí.

Testemunhei essas mudanças como autora de um livro que circulou por lugares onde jamais estive, apropriado por gente de todas as idades que se identificou com as histórias curtas sobre se descobrir negra. Foram mais de 100 mil exemplares físicos do livro distribuídos entre novembro de 2015 e dezembro de 2021.

Nesse caminho, aprendi que sou escritora. E o mais legal nesse aprendizado é confiar que um dia cada pessoa será o que deseja, com consciência racial, social, de gênero; com direitos garantidos, em um mundo de justiça, equidade e liberdade que é possível sim.

Obrigada a quem me disse que a leitura deste livro foi importante.

Espero que vocês gostem da nova edição.

Apresentação à primeira edição

Escrever um livro? De histórias, literatura? Isso é maravilhoso! Mas é coisa de escritor, não é para mim! Mesmo depois de ter escrito os 28 pequenos relatos que compõem este livro, sinto dificuldade de respirar ao registrar essas palavras. Publicar histórias sobre a vida, as experiências, os sentimentos, as indignações não é para gente como eu, uma voz insiste em repetir.

Inspiro devagar e me esforço para lembrar que histórias como essas precisam ser contadas em livros. Que a Bianca mais jovem, encantada com a leitura sobre realidades tão distantes da dela, adoraria ter lido algo mais próximo. Que tanta gente com quem convivi e que não gostava de ler poderia ter se identificado com leituras curtas, de linguagem simples que retratassem aspectos de suas vidas. Que precisamos de mais escritoras no Brasil, especialmente mulheres e homens negros, publicando literatura. Que gente mais talentosa que eu, de diferentes origens sociais, pode se sentir mais segura em ocupar o papel de escritora ou escritor com esta publicação em mãos.

Sinto uma gratidão profunda pelo convite para ocupar estas páginas e por todas as oportunidades que tive e me permitiram recebê-lo e aceitá-lo, caso do blog no Brasil Post, onde publiquei meus primeiros relatos, alguns deles reunidos neste livro, e que deram visibilidade à minha escrita. O círculo de mulheres negras da Casa de Lua, espaço para falar abertamente de muitas das questões aqui retratadas, foi fundamental para perceber que as histórias de uma eram as histórias de todas nós. Além de tantas pessoas generosas — professores, terapeutas, familiares, amigas — que sempre me ensinaram, inspiraram, incentivaram e enxergaram em mim o que eu mesma não conseguia. A quem trabalhou por políticas públicas que possibilitaram à minha mãe cursar o ensino superior e mudar a história de toda uma família, além de permitirem economizar no aluguel e investir em minha formação.

Apesar do meu nome na capa, este livro é de todas essas pessoas. E de todas as que se identificarem com a leitura das histórias divididas em três partes: 1. as que vivi, e me rasguei visceralmente para conseguir registrar; 2. as que ouvi ao longo da vida e, especialmente para este livro, de Douglas Belchior, Fabiana Gotardo, Gaia Leandro Pereira, Luzia Nascimento Carvalho e a querida editora Renata Nakano; 3. as que pari, misturando experiências vividas, ouvidas, sentidas, imaginadas.

Que a leitura provoque afeto e nos inspire a construir, no cotidiano, a justiça, a igualdade e a generosidade que nos permita ser.

Introdução

> *Eu fui branqueada em casa, na escola e na universidade.*
> *Sigo causando espanto ao me reafirmar negra no mercado de trabalho.*
> *O branqueamento apaga de nossas memórias as conquistas que nós, pessoas negras, temos tido ao longo da história do Brasil. Conquistas individuais e coletivas. Afirmo com alegria que sou negra há mais de dez anos.*
>
> Bianca Santana,
> *Quando me descobri negra*

Em *Quando me descobri negra*, Bianca Santana nos oferece a oportunidade de participar de um processo importante de sua vida, ao apontar um caminho de descobertas que, a priori, negras e negros irão vivenciar em algum momento de suas trajetórias.

Narrar a própria história nem sempre é uma tarefa fácil. Há que se ultrapassar barreiras como a censura e o medo que, quando vencidos, oferecem a oportunidade do encontro consigo, a possibilidade de fazer novas perguntas e a coragem para enfrentar as novas respostas para velhas questões.

É fato que em algum momento vamos nos deparar com conflitos: Por onde começar? Que histórias escolher? O medo de se expor, a inquietação sobre o que irão dizer a seu respeito; se sua história será bem recebida, entre outros pensamentos perturbadores.

Ao longo da história, mulheres negras sempre produziram diários e escritos que raramente tiveram seu valor literário reconhecido. É preciso romper com a ideia de que esses textos não têm valor e, para isso, é preciso colocá-los à prova. Apesar de termos pouca tradição de escritas biográficas, estas são fontes de aprendizagem, inspiração e descobertas sobre o contexto histórico e, é claro, a vida da biografada. Para quem lê, são inspiradoras e ajudam a olhar para si, a avaliar percursos e a buscar respostas para situações semelhantes em suas vidas.

Quando se ultrapassa o medo do julgamento e, à medida que o gosto pela narrativa surge, outras oportunidades aparecem, basta se entregar à estrada que deseja percorrer. Encruzilhadas irão se interpor; fatos, eventos, ocorrências pedirão passagem, e muitas vezes ganharão força, quase nos arrebatando. Esses são momentos de respirar fundo, tomar o fôlego de volta, dar tempo para digerir o tema para que o trajeto da escrita volte com tranquilidade.

Ninguém conta a própria história impunemente. Narrar traz a oportunidade de fazer uma travessia, de (re)viver os sentimentos que muitas vezes foram rechaçados. Sustentar a escrita da própria trajetória tem a ver com escolher o que quero e suporto contar sobre mim, naquele momento. Saber escolher é uma medida de amadurecimento, cuidado e proteção, pensando que novas oportunidades vão surgir. Responder à pergunta "Qual é o meu limite?" permite não ultrapassar a fronteira do confortável e torna-se também um ato político e de autocuidado. Todo autocuidado, além de você, envolve a comunidade, pois implica dar limite para os que estão à sua volta.

Espero que você possa aproveitar a generosidade com que Bianca Santana nos oferece as suas descobertas, pois, em alguma medida, ao percorrer esse caminho, ela nos diz que valeu a pena, oferecendo sua trilha como uma oportunidade para que você construa sua caminhada.

Boa leitura, bom encontro com a autora e consigo mesmo!

MARIA LÚCIA DA SILVA
Psicóloga e psicanalista, integrante e cofundadora do Instituto AMMA: Psique e Negritude

e da Articulação Nacional de Psicólogas(os) Negras(os) e Pesquisadoras(es) (ANPSINEP). Especializada em trabalhos de grupo com recorte de gênero, classe e raça. Fellow da Ashoka — Empreendedorismo Social. De Oxóssi traz o compromisso com a comunidade; de Iansã, a percepção do poder da penetração do vento; e de Obaluaiê, o cuidado, como herança, já presente em sua mãe afro-indígena e seu pai benzedor.

PARTE 1

Do que vi

Quando me descobri negra

Tenho trinta anos, mas sou negra há dez. Antes, era morena. Minha cor era praticamente travessura do sol. Era morena para as professoras do colégio católico, coleguinhas — que talvez não tomassem tanto sol — e para toda a família, que nunca gostou do assunto. "Mas a vó não é descendente de pessoas escravizadas?", eu insistia em perguntar. "E de indígena e português também", era o máximo que respondiam sobre as origens da avó negra. Eu até achava bonito ser tão brasileira. Talvez por isso aceitasse o fim da conversa.

Em agosto de 2004, quando fui fazer uma reportagem na Câmara Municipal de São

Paulo, passei pela rua Riachuelo, onde vi a placa "Educafro". Já tinha ouvido falar sobre o cursinho comunitário, mas não conhecia muito bem a proposta. Entrei. O coordenador pedagógico me explicou a metodologia de ensino com a cumplicidade de quem olha um parente próximo. Quando me ofereci para dar aulas, seus olhos brilharam. Ouvi que, como a maioria dos professores eram brancos, eu seria uma boa referência para os estudantes negros. Eles veriam em mim, estudante da Universidade de São Paulo e da Faculdade Cásper Líbero, que há espaço para o negro em boas faculdades.

Saí sem entender muito bem o que tinha ouvido. Fui até a Câmara dos vereadores, fiz a entrevista e segui minha rotina. Comecei a reparar que nos lugares que frequento as pessoas também não tomam tanto sol. O professor do Educafro toma. Será por isso que ele me tratou com tanta cumplicidade?

Pensei muito e por muito tempo. Por que o fato de sermos negras e negros nunca foi falado em minha família? Senti que a ascensão social tinha clareado nossa identidade. Mais tarde percebi que o medo das tantas violências sofridas por pessoas negras no Brasil foi outra razão para nosso branqueamento. Óbvio que somos negros. Se nossa pele não é tão escura, nossos traços, cabelos, vivências, história revelam o grupo social a que pertencemos. Minha mãe, formada economista, trabalhando como vendedora de uma grande empresa, foi branqueada como os jogadores de futebol negros que no século 19 passavam pó de arroz no rosto para serem aceitos nos clubes.

Eu fui branqueada em casa, na escola e na universidade. Sigo causando espanto ao me reafirmar negra no mercado de trabalho. O branqueamento apaga de nossas memórias as conquistas que nós, pessoas negras, tivemos ao longo da história do Brasil. Conquistas individuais e coletivas. Afirmo com alegria que sou negra há mais de dez anos. E agradeço ao Educafro, por me provocar, e ao professor Welington Andrade, que na faculdade me fez o convite para a reflexão profunda sobre minhas origens.

Saudade do que poderia ter vivido

Perder o pai já é uma tragédia
Perdê-lo na infância é sentir saudade
Não do que viveu, mas do que poderia
ter vivido

"Crisântemo",
de Emicida e Dona Jacira

Meu pai sempre deixou provar a espuma da cerveja. Era muito amado e respeitado por onde passava. E levava uma vida que anunciava como acabaria: mal. Ele era bicheiro, daqueles com corrente de ouro e camisa colorida, igual ao tipo que se costumava ver em novela. Eu sabia que era ilegal. E rezava muito cada vez que passava na frente de um presídio ou via um carro de polícia. Pelos presos, mas principalmente pelas filhas dos presos. Na minha fantasia, mais cedo ou mais tarde, meu pai estaria na cadeia. Até que, por um milagre, ele saiu do jogo do bicho e abriu um bar.

O dinheiro acabou. A segunda esposa foi embora com o filho mais novo. Ele foi encolhendo os ombros, retraindo o peito e ficando cada vez mais quieto. Num domingo, fui visitá-lo e ele não abriu a porta. Destemida, pulei a janela. Percebi que ele fumava um cigarro, já no final. Ele não estava dormindo. Não abriu a porta porque não quis. Percebi a tristeza, mas me sentia feliz porque a vida agora era honesta.

No dia seguinte, enquanto eu fazia lição de geografia, o telefone tocou, mas minha tia não quis falar comigo. Nervosa, pediu para chamar minha mãe. Eu sabia o que tinha acontecido. Sabia que ele tinha morrido. Minha mãe bateu o punho na mesa e deu um grito de fúria, foi pra longe de mim, falar com minha avó e meu tio. Depois, me chamou no quarto e contou.

Por dezessete anos tive muita raiva. Lembrava de um homem ausente, irresponsável, pouco comprometido com qualquer coisa. Evitava lembrar, na verdade. Quando meu pai se suicidou, construí as piores memórias. Como ele podia ter me abandonado? Como não pensou em mim antes de puxar o gatilho? Não era possível que me amasse. Ele não era um pai de verdade.

Precisei de uns quinze anos, muitas leituras, terapia e sofrimento para entender que a morte do meu pai não tinha a ver comigo. Que o suicídio dele não era falta de amor por mim. Que a história de vida daquele homem inteligente, articulado e ambicioso era a mesma de muitos jovens pobres. Que o genocídio dos jovens negros nas periferias do Brasil é um problema social grave. Que contar a minha história era também um ato político.

Precisei de dezessete anos para acessar outras memórias do meu pai. Para lembrar de quando me ajudou a decorar as capitais do

Brasil, de como ele falava que o meu cabelo era lindo, de como o abraço dele era único e dava segurança. Só depois de reencontrar esse pai amoroso, consegui chorar a minha dor, que é a de tantas pessoas. Uma dor de injustiça. Uma dor de saudade.

O racismo nosso de cada dia escancarado no meu cabelo

Solto e acho bonito. Volto ao espelho e coloco uma faixa. Um pouco mais de tempo e recorro aos grampinhos. "Esse jeito de prender tem uma coisa de negritude, mas é mais preso", falei na terapia. Na mesma semana, em janeiro de 2013, a maternidade Santa Joana, em São Paulo, publicou um texto sob o título "Minha filha tem o cabelo muito crespo. A partir de qual idade posso alisá-lo?". Ah, as sincronicidades da vida... E eis a cereja do bolo: nasci no Santa Joana.

Passei anos ouvindo propostas de cabeleireiros para "arrumar" meu cabelo. Arrumar significa alisar ou, no mínimo, "relaxar as ondas". Minha avó, vítima e algoz do mesmo racismo, prendia o cabelo beeeem puxado pra trás.

E de tanto puxar o cabelo num rabo de cavalo, nunca tive coragem de soltar o crespo em público. Até que nasceu em mim o desejo de assumir meu cabelo como uma marca de identidade. Encontrei o Marco Antônio, cabeleireiro incrível, que cortou um black. Detestei! Então ele me ensinou a fazer uns rolinhos, prendendo o cabelo com grampos como se fosse uma tiara, até eu me acostumar com o volume. Nove anos depois ainda não me acostumei. Continuei fazendo os rolinhos diariamente por mais alguns anos. Diariamente, não! Em dez anos, soltei umas três ou quatro vezes.

Com o black liberado, sentia um calor insuportável, não me reconhecia com o volume ao redor do rosto e ficava desesperada pra prender o cabelo. Desesperada mesmo, não é força de expressão! Começava a suar, sentir taquicardia e uma vontade incontrolável de prender o cabelo. Aí prendia; sentia os músculos relaxarem e um conforto no peito.

Grávida pela terceira vez, imaginava uma menina pretinha, com o cabelo bem crespinho pra eu soltar e enfeitar com flores coloridas. Mas a vida me presenteou com uma menina bem branquinha, de olho azul e uma careca de pelugem fininha... Os filhos não nascem pra dar conta dos desafios dos pais. Minha questão com meu cabelo é minha. Mas também é de todos nós que assumimos o liso e o loiro como padrão de beleza.

Em 2011, esperava um voo em Paris quando puxei papo com uma portuguesa. Ela ficou muito surpresa porque eu falava a língua dela. "É minha língua também, sou brasileira", anunciei. "Mas como? Com esses cabelos crespos? Toda brasileira tem cabelo liso!" Reparei no mar de mulheres que esperava os voos pra São Paulo e pro Rio. A portuguesa tinha razão.

Mas os anos que se seguiram foram de mudanças explícitas. Eu mesma fui ganhando confiança em soltar o cabelo, bem armado. E com o passar do tempo me percebia mais e mais bonita com o crespo solto. Quando minha filha cresceu um pouco, o cabelo crespo tomou forma e o volume não foi problema até ouvir de uma amiguinha da escola, aos cinco anos de idade, que o cabelo dela era feio. Então ela começou a prender o cabelo, mas não me disse nada. Até que perguntei:

— Filha, você já reparou que só vai para a escola de cabelo preso agora?

— Mãe, você já reparou que nenhuma das minhas amigas tem o cabelo como o meu?

A dureza da resposta foi compartilhada com a escola. Professora, orientadora e equipe pedagógica prepararam um projeto consistente e muito bonito a partir das músicas da MC Sophia. Uma professora negra trouxe uma boneca negra de tranças azuis para a roda e minha menininha terminou aquele ano letivo de tranças azuis também. Depois das tranças, o cabelo solto voltou a ser motivo de orgulho da pequena e a educação se reafirmou como possibilidade concreta de transformação para mim. Gratidão sempre às educadoras Rubia, Pati, Cris, Joana, Angela, Luli, Silvia e mais.

Nas festas, ruas e encontros, vejo cada vez mais mulheres de cabelo crespo e enrolado. Testemunhei processos de transição capilar de muitas alunas e colegas. Até mesmo nas farmácias e perfumarias se multiplicaram as prateleiras com produtos para cachos de todo tipo e forma. O racismo nosso escancarado se transforma, cada vez mais, na celebração da beleza dos cabelos de todo tipo.

Nem todo lugar é de preto

Em 2014, participei de um debate sobre reforma política. Uma jovem negra, preocupada em levar o tema à maior parte da população, perguntou como a campanha estava sendo feita na periferia. Ela não mora na periferia e foi muito assertiva na pergunta. Outra participante, tentando ser solidária, perguntou em que bairro a jovem negra morava. Se a preocupação com a periferia tivesse vindo de uma pessoa branca, ela não teria sido mal interpretada. Esse racismo sutil, implícito e difuso é o mais comum. Afinal, pode ser uma simples confusão de quem sentiu o racismo! Ou um protocolo de segurança, mero procedimento. Mas ele acontece todos os dias. Fere. Machuca. E reafirma, com crueldade, que nem todo lugar é lugar de preto. Principalmente se sua aparência não for aceitável. Imagino que cabelo alisado e roupas de grife atenuem a abordagem racista. Com meu cabelo crespo e as roupas de que gosto, todos os dias sou lembrada de que ser professora universitária, morar em um bairro central, a casa grande, os cafés e os restaurantes de classe média não são para mim.

Que corajosa por vir com esse turbante!

Sou negra, mulher, de origem pobre. E, se essas palavras não são suficientes para me definir — afinal, que rótulos dão conta do que é uma pessoa? —, elas ajudam a me situar em um contexto social, histórico e político. Confesso que nunca tive conflitos com relação à minha origem, que sempre a mencionei com orgulho, mas levei muitos anos para me reconhecer como negra e como mulher.

Descobrir-me negra foi um processo. Descobrir-me mulher é uma jornada que se iniciou com a maternidade e tem sido foco da minha atenção. Se essas descobertas já não são simples, vesti-las, para que qualquer pessoa possa vê-las, é especialmente difícil.

Nunca acreditei em características "naturais" de raça, etnia ou gênero. Mas somos seres culturais que expressam (ou não) características do que é ser negra, ser mulher ou ser pobre em uma sociedade, no tempo presente e nas tradições que carregamos. Calça jeans, camiseta branca e nenhum adorno já foram, em mim, a não expressão de características culturais que eu começava a perceber. Hoje, amarrar um turbante grande e colorido no cabelo crespo e sair com ele por aí, em qualquer lugar, é uma das mais potentes expressões de como me vejo.

Acontece que, há algumas semanas, fui a uma reunião de trabalho em uma instituição formal vestindo um turbante cor de laranja. Calça social e sapato pretos, camisa, brinco e maquiagem discretos — como parece ser o *dress code* do lugar — e o pano na cabeça, nada discreto. Há alguns meses, soltar o cabelo crespo era uma questão difícil, mas, naquele dia, bagunçar o cabelo e enfeitá-lo com o tecido vibrante, antes desse compromisso profissional, foi tão espontâneo que eu nem sequer questionei se era adequado ou não.

Trabalhei com a mesma dedicação dos dias de cabelo mais discreto, obviamente. E, ao final de mais uma etapa na construção de um projeto de educação relevante que atende às necessidades institucionais e recomendações internacionais, fui surpreendida. Ao me despedir da competente e agradável gestora, que me contratou como consultora, ouvi que todos no departamento comentavam minha coragem por usar o turbante.

Oi? Coragem? Levei alguns segundos questionando por que seria corajoso usar um turbante. E por que aquelas pessoas sentiram necessidade de falar sobre essa coragem. Além disso, por que aquela mulher — tão sensível e profissional, com quem tenho criado um excelente vínculo de trabalho e uma vontade de trocar sobre assuntos da vida — me passou aquele recado?

Passei dias refletindo sobre o peso daquela coragem. Trabalhar em uma grande instituição, de turbante laranja, é expressar — de forma contundente — não só minha identidade como mulher, mas como negra. E essa autoafirmação não é o que se espera de uma mulher que busca sucesso profissional. Ainda mais quando ela é negra.

No patriarcado, a mulher que quer ser reconhecida pela inteligência e pelo profissionalismo não pode chamar a atenção. Além disso, vamos combinar que, no senso comum, negra não pode ser consultora, bem remunerada, especialista em um tema específico, com livro publicado e algum reconhecimento. E, se uma negra está nessa inusitada situação, o que se espera dela é que, no mínimo, alise ou prenda o cabelo. Com ou sem turbante, mostrar-se diferente é mesmo um ato de coragem.

"Posso te fazer um pedido?"

Um sorriso, desses sem mostrar os dentes, seguido do pedido:

— Uma mesa pra dois, por favor.

Um sorriso, do mesmo tipo, em resposta:

— Eu não trabalho aqui.

Outro sorriso e outro pedido:

— Você pode levar uma água até aquela mesa, por favor?

A resposta, sem sorriso:

— Eu não trabalho aqui.

O terceiro sorriso, em menos de cinco minutos, com outro pedido:

— Eu preciso de um cardápio.

O desejo de responder aos berros que estou esperando minha amiga sair do banheiro para sumir daquele café onde quem frequenta é branco e quem trabalha é preto. Mas a resposta cordial, tranquila, a seco:

— Eu não trabalho aqui. Posso te fazer um pedido?

Desmonte

Palestra em universidade pública. Com nome e minicurrículo no fôlder de divulgação. Auditório lotado. Melhor preparar logo a apresentação, penso eu. Vou ao computador, conecto à rede e procuro a página onde postei o arquivo. Uma voz rude interrompe:

— Onde está a Claudete?

— Oi?

— A Claudete! — responde com mais rispidez.

— Eu não sei.

— Como não sabe?

— Eu não sei. Não trabalho aqui.

— Então por que está mexendo no computador? — Vem a bronca em forma de pergunta.

Diante do olhar assustado, indignado, abaixa o tom, baixa o olhar, procura o nome no fôlder e mostra a vergonha:

— Você é a Bianca Santana?

Pelo gosto, pela cor e pelo cheiro

"Foi você que fez o arroz-doce, não foi?" Sim. Mas como todas sabiam? A mesa estava cheia de pratos preparados pelas mulheres daquele encontro. Lanche comunitário, tão comum e gostoso. Tinha bolo de fubá e de coco, torta de frango e de palmito, sanduíches de berinjela e o arroz-doce. "Como vocês sabem que esse fui eu?", perguntei. "Pelo gosto, pela cor e pelo cheiro", uma das mulheres respondeu.

De fato, o branco cremoso do arroz estava marcado por tons de marrom-clarinho. Açucarado, com o perfume forte do cravo e da canela. Cor, cheiro e gosto. Como sempre teve a comida da minha casa, desde a infância. O arroz branco da minha avó era amarelo, não branco. O colorau chegava ao olfato como terra molhada e pintava de amarelo o arroz nosso de cada dia.

Cominho, sal, coentro. Alho, salsinha, cebola e pimenta. Comida que dava gosto, com farinha que dava a liga. Talher para quê? Misturar com a mão, moldando uns bolinhos direto pra boca. Depois ouvi dizer que esses bolinhos se chamam "capitão". E muito depois descobri que preto da África come muito com a mão. Garfo e faca aprendi a usar adulta. Antes, era só garfo na rotina e mão pra saborear a comida. Só com a mão dá pra sentir o gosto de verdade.

PARTE 2

Do que ouvi

Mulher-Maravilha

Que bom viver no Brasil, um país onde pessoas de todas as cores são iguais, pensava Fabiana. Em outro lugar, em outros tempos, ela não poderia ser branca e se casar com um homem negro. Mas no Brasil ela pode. E se casou com o homem por quem se apaixonou, preto, preto, preto.

Ela tinha medo de ouvir comentários constrangedores sempre que o apresentava a alguém. Tinha vontade de tapar os ouvidos por prevenção e sempre apertava os olhos para ser mais difícil de ver expressões de espanto. E o tempo passava sem nenhum incidente, provando que o Brasil é um país onde pessoas de todas as cores são iguais.

Mesmo assim, parte dela vivia em estado de alerta, fosse no supermercado, no consultório médico, no elevador ou no parque. Era como se o alerta fosse mágico a ponto de barrar qualquer movimento de estranheza antes que ela fosse obrigada a perceber. E o Brasil continuava sendo o lugar onde a cor de pele não importa.

Então nasceu a Malu. Mistura linda dos dois que ficou cada vez mais pretinha. A Malu foi crescendo, falando, brincando e quis ser super-heroína. Em um carnaval, ficou linda de Mulher-Maravilha.

Enquanto andava pelo salão, gargalhadas. E um comentário atravessou-lhe como uma faca:

— Nossa, essa Mulher-Maravilha foi pra praia e pegou muito sol.

Fabi ouviu, mas era como se não tivesse ouvido. Afinal, ela não queria ouvir. Ficou em choque. Silenciou. Grudou na filha. Quis voltar para casa. Voltou.

Sentiu culpa por não ter reagido. Teve medo por tudo o que a filha ainda pode passar. Mas o pior foi ser obrigada a encarar a verdade.

Livros para quem?

Ela estava entusiasmada. Começara o curso de auxiliar de enfermagem e tinha gostado muito do primeiro dia de aula. Luzia saiu da escola e comemorou quando o ônibus chegou rápido. Antes de chegar ao trabalho, podia passar no sebo para tentar comprar um dos livros recomendados pela professora.

O trânsito estava pesado e dali a pouco as crianças chegariam da escola. Luzia era babá e não podia atrasar um minuto para receber as crianças do ônibus escolar. Não foi daquela vez, mas uma hora daria certo.

Quase uma semana de tentativas e o intervalo entre passar na catraca do ônibus de linha e a chegada do ônibus escolar nunca era grande o bastante para uma parada no sebo. Sábado ela trabalhava. Domingo a loja não abria. E assim passavam as semanas. As cópias do livro da professora iam quebrando o galho. Mas ela tinha economizado tanto antes de começar o curso que pelo menos o livro mais recomendado ela queria ter. Um livro dela. Comprado com o dinheiro dela. Recomendado no curso que ela sonhara tanto fazer.

Quase um mês depois e o tempo foi generoso. Ela entrou no sebo. E, antes mesmo de perguntar sobre o livro que procurava para o senhor que estava atrás no balcão, foi absorvida pelas estantes. Eram tantos os livros. Os de saúde e medicina, organizados em três prateleiras, pareciam muito interessantes. Será que um dia conseguiria ler tudo aquilo? Pelo menos uma parte?

Luzia lembrou do relógio já pensando estar atrasada. Que feliz surpresa perceber que tinha tempo para folhear alguns exemplares!

O olhar parou em um tratado de fisiologia. E mais rápida que suas mãos foi a voz do senhor que saía de trás do balcão: "O que você está fazendo? Não viu que esses livros não são pra você? Sai daqui! Não tem nada aqui pra você. Sai. Sai".

Não mexa com quem não anda só

11h59. Digitou no Google "processo seletivo; bolsa; coimbra; doutorado". O resultado saía dia 5 e às 11h59 do dia 4 era o momento exato para começar o processo de conferir se havia passado ou não. Entrou no site do governo que afirmava: "Resultado do Processo Seletivo para Bolsas de Doutorado — 5 de outubro". Já era dia 5! Como não atualizavam a página?, pensava? F5. F5. F5. F5. F5. F5. Já passava da uma da manhã e ninguém atualizava a página. Que absurdo não terem deixado isso programado! Falta de respeito com gente ansiosa como ela.

Fez um chá na tentativa de se acalmar. Tomou várias xícaras. Já na cama, a última checada no celular e nada. Demorou a dormir. No dia seguinte, a filha acordou cedo pedindo pra mamar. Com a pequena pendurada no peito, entrou na página mais uma vez. Agora, em destaque: "Resultado do Processo Seletivo para Bolsas de Doutorado". Peito acelerado por dentro, criança pendurada por fora. Clicou. Gabriela Gaia. Estava lá o nome dela! Conseguiu!

Foram meses preparando a viagem. Embarcaram com ela, a criança de dois anos, alguns livros e roupas. O destino era a Europa, que Gabriela sempre sonhara conhecer. Ser aluna de Coimbra, uma das universidades mais antigas e tradicionais do mundo, era uma conquista importante. Ela, mãe solo, que ouviu tantas vezes como tinha estragado a própria vida, podia agora realizar um sonho.

As semanas passavam e Gabriela conhecia mais brasileiras e brasileiros. Além deles, havia africanos de países também colonizados por Portugal e chineses. A pele escura, fruto

da mistura de negros e brancos, fazia os portugueses pensarem que Gabriela fosse africana.
A grande maioria dos brasileiros estudando lá
era branca. Os africanos percebiam pelo tom
de pele e pelos traços da mulher que ela não era
africana. Foi construindo um lugar próprio da
brasileira-negra-mãe-solteira-esforçada-ten-
tando-ganhar-a-vida-em-Portugal.

Estudar e cuidar da filha tomavam todo o
tempo e não permitia muita interação social.
Nos raros momentos de lazer, caminhava pela
cidade. E ficava muito evidente como era notada. As pessoas todas a olhavam com algum
espanto. Ela estava em evidência, mesmo sem
querer.

Já era tempo de calor, quando Gabriela não
precisava mais amarrar lenços no pescoço,
mas ainda queria se enfeitar com eles. Buscou
tutoriais no YouTube e começou a usar tur-
bantes. Em pouco tempo já pegou prática em
produzir diversos modelos. Sentia-se tão bonita que começou a usar todos os dias. E Ga-

briela, que já era notada, parecia estar mais em evidência. Mas com uma diferença: o turbante a fazia se sentir no controle. Era amarrar o pano na cabeça para se conectar a uma multidão de mulheres que veio antes dela. A força ancestral de tantas negras que tiveram relação com Portugal de alguma forma, fosse no território, fosse nos anos de escravidão e colonização, se manifestava. E ela saía pelas ruas muito dona de si. Em evidência por sua própria vontade. Assumindo sua identidade e o que foi construir naquele país: o resgate da história de seu povo e de sua ancestralidade. Ela era uma das primeiras negras brasileiras a estudar em Coimbra, mas com ela estavam todas as outras. Conectadas pelo turbante.

O poder da palavra

O braço doía de tanto esfregar o canto do guarda-sol. Fazia força, mas o nome pichado não saía. Tão rápido escrever! Mas apagar é força, tempo e paciência. O pior nem era a dor. Era o pai repetindo as mesmas perguntas: "Você quer que a gente perca a barraca? Vamos viver do quê?".

Belchior tinha escrito o nome de seu candidato no lugar mais visível da banca de doces. "Meu candidato", repetia em pensamento. Mesmo sem ter idade para votar, acompanhava o horário político e gostava do que ele falava. Casa, comida e escola pra todo mundo. Branco, preto, mulher e homem com as mesmas oportunidades. Achava difícil entender quem não gostava dele.

Quando via aquele homem na televisão, era mais do que admiração o sentimento. Era uma viagem. De repente, Belchior era o adulto que pedia voto. Queria ser como ele. Dedicar o que sabia pra todo mundo ter uma vida melhor. Usar terno e falar bonito. Mostrar que preto sabia governar, e muito bem.

Mas os donos do supermercado, que deixavam a família trabalhar na calçada, votavam no outro candidato. E o pai não queria contrariar ninguém. Já pensou perder aquele lugar, onde passava tanta gente? Irritado, jogou a bucha e o sabão. "Você quer que a gente perca a barraca? Vamos viver do quê?", repetia sem parar.

Ele esfregava e lamentava por ter de apagar aquele nome. Era como limpar a marca do time de futebol. Pior que sufocar um grito de gol. Era quase abrir mão do sonho secreto de ser candidato para concordar, em silêncio, com o pai que política não era pra ele. "Você quer que a gente perca a barraca? Vamos viver do quê?", o pai perguntava e perguntava. Belchior esfregava com mais força quando conseguiu responder: "Vou viver de política!".

Auto de resistência

Paulo Vitor. Boné. Viatura. Tiro. "Ele mexia com droga, todo mundo sabia." Depois de ser preso duas vezes em vinte e poucos anos, a morte na quebrada não foi surpresa pra ninguém.

Alex. Moto. Sirene. Bala. "Um moço calado, que não mexia com ninguém." Foi encontrado com furos nas costas, numa viela do Jardim Brasil.

Douglas. Irmão. Bar. PM. "Por que o senhor atirou em mim?", perguntou o trabalhador de dezessete anos, antes de tombar.

No país onde justiça tem cor, preto bandido não merece julgamento. Só caixão ou cadeia. E, mesmo que faça tudo direito, tem sempre o risco de não voltar pra casa. Resistência seguida de morte.

Alemão

Eduardo chegou da escola, tirou o uniforme e o tênis, deixou a lição na mochila porque estava com muita fome. Devorou o prato de macarrão servido pela mãe, repetiu a limonada três vezes e deixou a lição de lado mais um pouco pra poder descansar. Levantou, a mãe estava vendo um programa chato na televisão, mas, mesmo assim, sentou perto dela. Por mais que fingisse que não, aos dez anos, ainda gostava de um colinho. A lição podia esperar mais um pouco.

Levantou, pegou caderno, livro, estojo e foi estudar no lugar preferido: a porta de casa, do lado de fora. Lá tinha luz do sol, espaço pra sentar e apoiar as costas no batente. Era só dobrar o joelho pra sustentar o caderno. Começava a se concentrar na pergunta que copiou da lousa quando viu o coturno do policial. Levantou a cabeça. A mãe ouviu o disparo.

"Eu sou morena"

A única preta dos quatro irmãos. Muito bem tratada, talvez até demais. Os elogios e afagos, lá no fundo, soavam sempre como compensação. O jeito era deixar passar. Assim como os olhares de dúvida silenciosos e os que ousavam perguntar: "Nossa, ela também é sua filha?".

Não foi necessária uma única palavra para que Lili percebesse como era ruim, feio, errado, pior ser preto. E, na falta das palavras, não dava pra ninguém corrigir a menina e explicar que não tinha nada de ruim, feio, errado ou pior em qualquer cor de pele.

Num domingo, os quatro desciam as escadas ao lado da portaria do prédio aos pulos, na frente dos pais. Veio Rene, o porteiro sempre gentil, brincar com a criançada toda. Cada um ganhou cócegas e devolveu risadas. Menos Lili, que exigiu:

— Sai daqui, seu preto!

— Você também é preta — respondeu rindo o Rene.

— Eu não sou preta, eu sou morena.

PARTE 3

Do que pari

A primeira crônica

Assim eu quereria minha primeira crônica: que fosse pura como esse sorriso. O sorriso escancarado, com todos os dentes à mostra, que eu abria quando era pequena. Não os dentes miúdos que sempre invejei secretamente das amigas. Mas os dentes grandes, brancos e fortes que eu sempre tive. Os dentes elogiados pelos outros, elogios de que nunca gostei. Será que ainda se ensina na escola que os escravizados mais caros eram escolhidos pela qualidade dos dentes? Foi assim que eu aprendi. Era assim que eu percebia meus dentes. E eu nunca quis ser boa escrava.

Mas nada disso era dito quando eu era criança. Era como um sentimento que chegava e eu logo expulsava. Quando ouvia o elogio, abria rápido outro sorriso escancarado. E não demorava muito pensando nessa coisa de escravizado, de pele escura, de cabelo ruim.

Minha avó penteava meu cabelo bem puxado para trás. Fazia um rabo de cavalo no alto, deixando a frente bem esticadinha, sem nenhum fiozinho solto. Se eu queria experimentar meio solto, ela logo prendia. "Não faz assim que parece essas neguinha!" E eu pensava em silêncio: "Mas não sou essas neguinha?". Outro sentimento que chegava rápido e eu logo expulsava, afinal, se é todo mundo igual, melhor nem pensar nisso.

Teve uma vez, na terceira série, que a professora elogiou o bronzeado da Vivian, quando ela voltou da praia. Sem ninguém perceber, coloquei meu braço perto do dela e comparei: a cor era a mesma. Que alívio! Era isso, então. Eu tomava muito sol. Outra vez aquele sentimento veio dizer que não era bem isso, mas eu já era muito boa em mandá--lo embora.

Agora, o cabelo... Eu não gostava nada dele. E esse sentimento nunca consegui mandar embora. Ou era o espelho ou era o pente da minha avó ou eram os meninos que me chamavam de vassoura. Sempre alguém me lembrava que meu cabelo era ruim. Eu sonhava com o dia em que ele ficaria liso. Planejava ir toda semana ao salão de beleza, fazer escova como a minha mãe, quando eu ganhasse meu próprio dinheiro. De cabelo liso eu sempre poderia dizer que estava voltando da praia e nenhum sentimento esquisito voltaria.

Enquanto aquele cabelo que não era o meu não chegava, eu sabia que não seria bonita. Tinha o espelho, minhas amigas e todos os meninos para me dizer. Então eu podia escolher o que eu seria. Engraçada? Não, eu não era boa em piada. Boazinha, estudiosa e inteligente eu conseguia. E assim foi. Eu não respondia para os adultos, não arrumava encrenca com ninguém, estava sempre dizendo sim, estudando e sorrindo. Mas não aquele sorriso de quando eu era pequena.

Livre para amar, #sqn

Arrebatador. De conversar com a pessoa uma vez e não ter volta. De querer passar o dia grudada, tentando parecer interessante e prestando muita atenção no que o outro diz, como se não existisse nada mais importante. De nem perceber quando foi o momento da escolha, aquele clique quando você decide se apaixonar por alguém, em vez de ser forte e deixar passar. Foi assim quando conheci o Stephan. Nem vi e já tinha sido.

Ele tinha pouco tempo em Manaus. Precisava ir a Salvador terminar a pesquisa antes de voltar para a Alemanha. E, para passar mais cinco dias com ele, implorei para resgatar todas as horas extras não remuneradas que acumulei no trabalho. Ainda fiquei devendo um dia, que prometi pagar na primeira semana quando voltasse.

Fiz mil contas. Pedi para aumentar o limite do cartão de crédito e comprei a passagem aérea. Em seis vezes. Saquei o dinheiro da poupança que era suficiente para comer e passear um pouco. Mas não dava pro hotel. Depois de muita insistência do Stephan, que disse não ter custo adicional pra mais uma pessoa no quarto dele, aceitei não me preocupar com isso e embarcar.

Era a terceira vez que viajava de avião. E, além de aproveitar mais uns dias daquela paixão fulminante, era a chance de passear por Salvador enquanto ele pesquisava. A África brasileira. O Pelourinho. A igreja do Bonfim. A praia de Itapuã que cantara tantas vezes. Uma semana de preparativos que demorou a passar. Aquela sensação contraditória do tempo, que voava quando eu queria ficar mais com ele, e demorava muito na ausência. O dia da viagem não chegava nunca.

Até que embarcamos. Uma euforia boa e muitos planos. Um abraço grudado que só apartava se faltasse braço pra seguir viagem. Balela essa coisa de alemão ser frio. Nunca fiquei com ninguém tão quente, tão carinhoso, que chegava a ser grudento. Não dava tempo de prestar atenção em mais nada. Era nosso universinho paralelo.

E assim foi a sexta, o sábado, o domingo. Até segunda de manhã, quando Stephan foi para a biblioteca. Decidi dormir um pouco mais, tomar um banho demorado, hidratar o cabelo, esfoliar o corpo. Que delícia de segunda-feira. Aquele tempo meu. Em Salvador. Tomei o café da manhã do hotel, com muitas frutas, cuscuz, pães, bolos, queijos, sucos. Cada cheiro, cada gosto compensava o fim da poupança.

Passei pela recepção e vi alguns cartões de restaurantes, museus, mapas. Puxa, um mapa me ajudaria a caminhar pela cidade. Chegar à igreja do Bonfim e acender uma vela antes de encontrar Stephan pra almoçar. Eu já passava distraída pela porta quando percebi que o dono do hotel falou comigo. Voltei, educada, pedindo pra ele repetir. "Você quer atender outro gringo enquanto ele está fora?" Como? O que aquele cara falou? Eu entendi, mas preferia não ter entendido. Soltei um "Como é?", na esperança de que ele percebesse o tamanho da bobagem, do desrespeito e recuasse. Ele ficou tímido, de fato. E se desculpou da pior maneira possível.

"É que mulata bonita assim como você consegue fazer um bom dinheiro com alemão, não é?" Uma parte de mim está naquela recepção até hoje. A outra decidiu que jamais ficaria com alguém como o Stephan outra vez.

Livro de (que) história (?)

Ao fundo, o professor falava. Era sempre interessante. Provocava.

— E se os portugueses não tivessem chegado ao Brasil? — perguntei uma vez.

— Não sei. A história se dedica ao que aconteceu. O "se" não é história.

Sinos tocam. Seis anos de aulas de história, desde criança, para eu entender pela primeira vez o que era história, afinal. Passei semanas pensando naquilo até que levantei a mão em outra aula.

— Este livro de história foi escrito por uma pessoa, não foi? Como essa pessoa sabe que tudo o que está escrito aqui aconteceu mesmo?

Outro professor teria ficado incomodado com a pergunta. Mas não aquele. Pergunta difícil, que fazia todo mundo pensar, valia até ponto extra na média final.

— Isso. O livro foi escrito por uma pessoa, um historiador, com base no que outros historiadores escreveram. Eles estudaram documentos, mapas, cartas, conversaram com pessoas, compararam fontes diferentes.

Fui embora com a sensação de que há tantos documentos, fontes e historiadores que é impossível existir só uma história. Cada pessoa pode escrever uma, a partir das informações que reunir. Ruminei por semanas.

Até que naquela aula, ao fundo, o professor falava sobre os negros trazidos à força para o Brasil nos navios negreiros. Ele descrevia as correntes, as mortes, as senzalas. Falava sobre a aceitação e a feijoada. Quando me perguntei: que outras histórias existem sobre essa mesma história?

Além de escravizados que vieram obrigados, ninguém veio por escolha? Nenhuma rainha embarcou no navio por conta própria para acompanhar seu povo no navio negreiro? Com a missão de cuidar das pessoas pelo caminho e chegar aqui para organizar a luta? Da mesma forma como meu corpo guardou a cor da pele, os traços e a textura do meu cabelo, ele guardaria essas informações como herança? Com essas informações, eu poderia reescrever a história? Não em um livro de história.

E que lugar seria?

Demorou para perceber. Eu sempre achava que aquele dia seria especialmente difícil. Ou que estaria desconectada daqueles amigos especificamente. O fato é que eu nunca me sinto confortável em grupo. Os colegas da faculdade, os do primeiro emprego, do segundo, do terceiro; depois até os tios, primos e outros parentes. Passar mais de quatro horas em grupo é solitário.

Naquela festa de fim de ano, tudo começou bem. Pessoas interessantes jogando conversa fora à beira da churrasqueira. Crianças na piscina, adultos falando sobre trabalho, eleições, musculação e outras atividades físicas. O prazer da exposição ao sol, de perceber a paisagem verde e de ouvir vozes familiares era suficiente para sustentar horas agradáveis. As palavras nem importavam. Mas, conforme a tarde caiu, comecei a prestar atenção no que diziam.

— É um exagero!

— Sim! Ela xingou de macaco no calor da hora. Todo mundo faz isso.

— Essa onda de politicamente correto...

A história do jogador de futebol chamado de macaco pela torcida, que resultou no vídeo de uma torcedora gritando a ofensa internet afora, era o assunto. Aquela gente que se sentia superior ao resto do mundo, e nunca sofreu efetivamente por causa de sua cor de pele ou condição social, gostava de reafirmar que o Brasil não era um país racista. Seria um efeito de quando estão perto de mim? Nunca saberei.

E eu, que até então estava me divertindo na festa da firma, comecei a me voltar para mim mesma. Todas as diferenças entre a minha história de vida e a da maior parte daquelas pessoas, concretizada na cor da minha pele e nos meus traços, se manifestavam como agressão.

Essa gente toda, depois de tanto estudar, acredita mesmo que chamar um homem negro de macaco não seja racista? Seria uma análise muito elaborada? Não aguentei:

— Olha pessoal, eu sou negra! Se alguém aqui me chamasse de macaca, seria uma ofensa pra mim. Eu acharia racista.

Silêncio. Longa pausa antes de alguém ousar:

— Como assim negra, Ju? Você não é negra! Você é morena!

Silêncio meu dessa vez. Se eu digo que sou negra, eu sou negra. Mas não terei essa conversa. Ali, à beira da churrasqueira, com o sol se pondo na paisagem verde, percebo que aquele lugar também não é meu.

Revista

Agacha. Sem roupa. Não tem nada aí dentro? Pra que visitar bandido? Tudo mulher de malandro.

Luana nem sabia mais o que ela ouvia, o que pensava, o que era voz de carcereiro, o que era a mulherada da fila. Mas era só uma vez por mês. Pra mãe não viver aquilo sozinha. A mãe tinha que ir. E fazer o que mandavam na comunidade. Ou matavam o marido dela. A mãe não abandonava o traste. E ela não abandonava a mãe.

Melhor não dizer nada

Gabriela e Aline eram iguaizinhas desde que se conheciam por gente. Escolhiam sempre a mesma história antes de dormir. Jogavam a carne de porco pro cachorro quando aquele era o cardápio do jantar. Gostavam de deitar no quintal e procurar os "bichos" que se formavam nas nuvens. As duas tinham o cabelo bem pretinho. O de uma era fácil pentear e ver voar, espalhando os fios ao vento. O da outra, uma beleza de molinhas amontoadas, que sem pente por perto ficavam ainda mais lindas. A pele de uma era leite, a da outra, café com leite. E como achavam bonito misturar.

Um dia, a mãe de Gabriela chamou a mãe da Aline para conversar na sala. As meninas até pararam a brincadeira que faziam com os talheres. O tom não era para risadas. A porta fechada atrás da mulher aumentava a tensão e a curiosidade. Por que elas não falavam na cozinha? As meninas não precisavam trocar palavras para perceber que pensavam a mesma coisa. Parecia uma eternidade. Mas era melhor aproveitar aquele tempo, quando ainda estava tudo bem, porque elas sabiam que o pior viria.

A mãe de Aline entrou na cozinha. A mãe de Gabriela chamou a filha para a sala. O que elas tinham feito? Por que levariam bronca separadas? Era sempre Bá, a mãe da Aline, que tinha as conversas duras com elas.

Na cozinha, Bá explicou para a filha que elas precisavam ir embora. Aline sabia que não podia perguntar o motivo. Sabia que não podia reclamar de nada nem trazer mais problemas para a mãe. Estava acontecendo aquilo mesmo. Aquilo sobre o que tinham conversado tantas vezes na cama, depois que Gabriela dormia. Emprego não era eterno. E, por mais que as meninas fossem iguais, Aline era filha da empregada e aquela não era a casa dela.

Gabriela entrou na cozinha chorando, pedindo por favor para Bá e Aline ficarem com ela. Muito calma, Aline olhou para a amiga e explicou que aquela não era a casa delas e que nenhum emprego era eterno. Ela queria dizer a Gabriela o quanto gostava dela, o quanto também preferiria ficar, que aquilo não podia ser verdade, que ela ficava triste por precisar sair daquela casa bonita e não poder mais comer iogurte quando tivesse vontade. Mas foi para o quarto juntar suas coisas.

Prevenção

Pai médico, mãe advogada. Filho único, escola particular, aula de inglês e de alemão. Roupa de marca, tênis colorido, o último smartphone. Fone de ouvido profissional, desses que as celebridades exibem. Cabelo bem cortado, perfume, óculos de sol. Bom gosto de quem usa o que é bonito, sem se importar se é caro ou barato. E todo fim de tarde, quando andava pelo calçadão, quem vinha da outra mão atravessava.

Desculpa, Nati

Aos cinco anos de idade, Nati era vaidosa que só! Gostava de roupa colorida e de inventar moda. Saia longa estampada sob vestido com estampa diferente era o mais básico. Um sapato de cada cor era rotina. Brinco, colar e pulseira todo dia. Olhava no espelho e via a menina linda que era. Só faltava um detalhe, não muito pequeno: um cabelão, pra jogar de um lado para o outro.

O pai contava que, quando era bebê, com uns dois anos, Nati colocava um pano na cabeça para fingir que era cabelo. Parava na frente do espelho, passava a mão, mexia o pescoço e ria de si mesma. Mas, com o tempo passando, a brincadeira tinha menos graça. E fazia uma falta danada ter um cabelo que crescesse pra baixo, não pra cima.

"Cabelo crespo é lindo, minha filha", sempre dizia a mãe. A menina sorria, não queria magoar a mãe, que ficava mesmo muito bonita com o cabelo crescendo pra cima. Mas ela queria porque queria um cabelo escorrendo pra baixo.

Na escola, a professora era como a mãe. Mesmo tendo um cabelão liso e bem comprido, vivia dizendo que o cabelo da Nati era lindo. Mas as amigas eram mais como a menina. Não gostavam daquele cabelo curto, cheio de molinhas com fios espetados. Algumas eram gentis e não falavam nada, só olhavam com pena. Outras soltavam pequenas maldades, perguntando se Nati não queria ter os fios lisos e compridos como os delas. E tinha ainda as que faziam piada pra todo mundo ouvir, apontando o que chamavam de "cabelo ruim".

Nati ficava triste, algumas vezes chorava escondida na casinha do parque. Mas logo ia brincar ou inventar outra moda. Até o dia em que a tia foi refazer a progressiva e perguntou se a menina queria ir junto.

A cabeleireira elogiou o cabelo da menina e logo a tia convidou: "Quer arrumar seu cabelo igual ao meu, Nati?". Antes da resposta, a cabeleireira interferiu. Ela não alisava cabelo de criança! Os produtos eram muito fortes, podiam fazer mal, e as meninas deviam aprender a cuidar do cabelo natural e gostar dele. A tia fez cara feia e Nati ficou decepcionada. A cabeleireira propôs então uma hidratação bem boa, para acabar com os arrepiados. O problema é que, depois do creme, era preciso passar a chapinha e deixar o cabelo liso até pelo menos o dia seguinte. Depois de lavar, o cabelo voltaria ao normal.

Creme, pente, puxa, mais creme, pente, puxa. E o tempo não passava. E a cabeça começava a doer. Creme, pente, puxa, mais creme, pente, puxa. Que arrependimento sentia a menina! Creme, pente, puxa, mais creme, pente, puxa. E depois ferro bem quente desde pertinho da cabeça até a ponta. Que dor! "Ficar bonita dói, Nati", sorriu a tia.

Quando olhou no espelho e viu o cabelo mais comprido, quase no ombro, podendo mexer de um lado pro outro, como sempre fingiu com os panos, Nati sentiu muita alegria. Nem lembrava mais do calor ou da dor. Só queria que ficasse daquele jeito para sempre. A cabeleireira explicou mais uma vez que, depois de lavar, voltariam os cachinhos, com menos *frizz*. Nati pediu: "Deixa assim pra sempre! Minhas amigas vão adorar e sempre vão querer brincar comigo!". O sorriso da tia fechou. Ela se abaixou, olhou fundo nos olhos da Nati com os dela cheios de lágrima e se desculpou.

E antes de me despedir...

Você se lembra quando foi racista com uma negra ou um negro? Não precisa contar pra ninguém. Só tenta não repetir.

BIANCA SANTANA é jornalista, doutora em ciência da informação e mestra em educação pela Universidade de São Paulo. É diretora-executiva da Casa Sueli Carneiro, que compõe a Coalizão Negra por Direitos, e comentarista do *Jornal da Cultura*. Autora de *Arruda e guiné: resistência negra no Brasil contemporâneo* (Fósforo, 2022) e *Continuo preta: a vida de Sueli Carneiro* (Companhia das Letras, 2021).

A marca FSC® é a garantia de que a madeira utilizada na fabricação do papel deste livro provém de florestas gerenciadas de maneira ambientalmente correta, socialmente justa e economicamente viável e de outras fontes de origem controlada.

Copyright © 2023 Bianca Santana

Todos os direitos reservados. Nenhuma parte desta obra pode ser reproduzida, arquivada ou transmitida de nenhuma forma ou por nenhum meio sem a permissão expressa e por escrito da Editora Fósforo.

DIRETORAS EDITORIAIS Fernanda Diamant e Rita Mattar
EDITORA Juliana de A. Rodrigues
ASSISTENTE EDITORIAL Cristiane Alves Avelar
PREPARAÇÃO Luciana Araujo Marques
REVISÃO Denise Camargo e Paula Queiroz
DIRETORA DE ARTE Julia Monteiro
CAPA Danilo de Paulo | mercurio.studio
IMAGEM DA CAPA Isabela Alves
PROJETO GRÁFICO Alles Blau
EDITORAÇÃO ELETRÔNICA Página Viva

Dados Internacionais de Catalogação na Publicação (CIP)
(Câmara Brasileira do Livro, SP, Brasil)

Santana, Bianca
  Quando me descobri negra / Bianca Santana. — São Paulo : Fósforo, 2023.

  ISBN: 978-65-6000-001-8

  1. Contos brasileiros 2. Empoderamento 3. Relatos pessoais I. Título.

23-155542   CDD – B869.3

Índice para catálogo sistemático:
1. Contos : Literatura brasileira   B869.3

Eliane de Freitas Leite — Bibliotecária — CRB-8/8415

1ª edição
2ª reimpressão, 2025

Editora Fósforo
Rua 24 de Maio, 270/276, 10º andar, salas 1 e 2 — República
01041-001 — São Paulo, SP, Brasil — Tel: (11) 3224.2055
contato@fosforoeditora.com.br / www.fosforoeditora.com.br

Este livro foi composto em GT Alpina e
GT Flexa e impresso pela Ipsis em papel
Pólen Bold 90 g/m² da Suzano para a
Editora Fósforo fevereiro de 2025.